AF554259

DE L'ÉTAT ACTUEL
DE LA FRANCE
ET DE SES CAUSES.

Par Alexandre Martin.

Marche, marche. (BOSSUET.)

PARIS,
DELAUNAY, LIBRAIRE, PALAIS-ROYAL,
ET LES MARCHANDS DE NOUVEAUTÉS.

1830.

PARIS, IMPRIMERIE DE AUGUSTE MIE,
Rue Joquelet, n° 9, place de la Bourse.

AVERTISSEMENT.

Cette brochure était écrite il y a deux mois; des circonstances particulières ont retardé jusqu'à ce jour sa publication.

Aujourd'hui, comme aux premiers jours qui ont suivi la révolution, notre état est également complexe; rien n'a été changé. On est dans une situation tellement fausse, que le gouvernement ne sait pas bien ce qu'il doit faire, ni la nation ce qu'elle doit vouloir.

Quels sont les principes de conduite distincts, les idées de droit bien nettes que l'on a suivies depuis quatre mois? Rien n'est arrêté et établi; cependant la république fait de nouveaux progrès et s'approche toujours davantage. Ce nom doit échauffer et soulever d'espérance les cœurs patriotes; il ne déplaît qu'à la prévention, il ne peut choquer que les esprits faux.

Comment donc pensez-vous que nous, qui sommes sans préjugés, qui devons à nous-mêmes notre éducation, nous ayons fait tant de vœux et d'efforts pour écouter celui qui nous dira, d'après ses erreurs : Voilà ce que c'est que la patrie; c'est ainsi qu'il faut entendre la liberté? Non, mais pour suivre nos devoirs, pour obéir aux lois éternelles, pour vivre libres, et, sans cela la société serait une déception, gouvernés et conduits par nous-mêmes. La république, cet espoir sacré qui tout à coup grandit l'homme il y a quarante ans, qui devint alors effrayante par l'écroulement de l'ancien ordre social, la lutte des causes, par son entraînement vengeur, qu'a-t-elle donc qui ne soit beau, juste et légitime, pour que vous vous reteniez sur les traces effacées de la féodalité! Quelles raisons donnez-vous, quelle est leur faiblesse? Vous prétendez qu'on ne saurait s'entendre. Nous sommes aujourd'hui sans direction, mais la république, cet intérêt commun, réunit et rapproche les hommes. Vous craignez l'ambition? Les institutions dominent la volonté, elles la dirigent; l'ambition devient leur instrument. Ce n'est pas le lieu d'entrer dans plus de détails sur ces objections.

Le faible progrès réel des choses m'a engagé à publier aujourd'hui cette brochure. Notre situation est bien sentie, mais les causes ne sont point encore bien appréciées, ou plutôt on croit devoir les respecter. Ce sont ces préjugés qu'il faut détruire en étudiant la véritable théorie sociale, en examinant l'ensemble de ses principes; les préjugés vivent isolément; la raison seule est logique et conséquente.

DE L'ÉTAT ACTUEL

DE LA FRANCE

ET DE SES CAUSES.

Une révolution vient de s'achever; elle a été une manifestation pure et éclairée de l'amour de la liberté, du besoin d'une existence politique réelle, pour un peuple libre enfin de ses préjugés; elle est née du progrès de l'esprit; elle a été causée par un sentiment général d'indignation et de justice. Son véritable motif était dans le cours naturel des choses, dans la situation où l'on était arrivé; il fallait que la volonté de la nation se manifestât sans médiation et d'elle-même, pour qu'elle sortît de ses entraves légales et pût continuer son progrès direct vers la liberté.

Pour bien comprendre la révolution, il faut regarder derrière elle; il faut examiner les nouveaux besoins politiques qu'elle a fait éclore; ils sont étrangers à notre état précédent : c'est le changement de presque tous les éléments de notre constitution sociale, le développement complet de la société d'après les principes de la raison. Mais la nation est encore sans expérience sur son nouvel état; elle a eu un gouvernement révolutionnaire, mais n'a point eu encore de gouvernement qui fût la représentation libre et réelle d'elle-même. Les esprits se demandent: Quelle est notre direction? Qu'est-ce que le nouveau gouvernement? Où mène la liberté politique? La liberté politique rend une nation heureuse en elle-même par l'exercice de ses droits, dans les rapports de son esprit, de sa puissance et de sa richesse, par le libre développement de ses facultés. Quelque facile et national qu'ait été le changement, quoiqu'il n'ait point offert d'obstacles, il a dû laisser des traces, faire naître un état d'agitation; il y a toujours une distance entre ce qu'on a renversé et ce qu'on veut établir. Un soulèvement social amène de nouveaux principes, une nouvelle manière de voir; l'erreur, l'incertitude qui les accompagnent ainsi que le mouvement et la chaleur de l'esprit et des passions. On reconnaît les symptômes d'une révolution, d'une modification d'un état quelconque, d'une chose établie, la lutte du passé contre le présent, les écarts de l'esprit jusqu'à ce qu'il ait pris l'habitude et soit arrivé au principe de son nouvel état. C'est ce travail qui constitue l'espace d'une révolution dans son action destructive et ses développements créateurs.

Au milieu de mouvements, de discussions qui partent de points divers, on a comme oublié pourquoi la révolution a été faite, ou ce qui devait la suivre naturellement, des institutions vraies, des changements assortis à la liberté: chaque moment nous place davantage dans une situation factice, dans un état politique de convention, comme celui qui a précédé. Le gouvernement actuel semblera montrer qu'il ne peut nous donner lui-même le complément de la civilisation, l'établissement de lois convenables, ou mieux l'abrogation de vieilles formes. Il oublie qu'il n'est que de transition, qu'il doit se fondre insensiblement avec le dernier période, l'émancipation d'une société, la république qui lui est naturelle. Il ne sera pas sans utilité pour la liberté, pour éclairer les esprits et les rendre plus calmes, de se livrer à quelques considérations sur notre direction politique, d'établir, d'expliquer les diverses influences, leur but, comment elles doivent se résoudre.

DE L'ÉTAT D'INQUIÉTUDE ET DE L'INCERTITUDE POLITIQUE DU MOMENT.

Une des causes qui ont produit au premier moment cette agitation qui va jusqu'au malaise, c'est que les esprits étaient étonnés de n'avoir plus un pouvoir qui les dirigeait, même dans la lutte qu'ils soutenaient contre lui : ils ne comprennent point encore un gouvernement qui n'est que l'expression de la nation, qui doit partir d'elle, auquel elle doit donner sa force et sa volonté; incertains du but où ils vont, d'un côté ils sont poussés malgré eux vers une plus grande amélioration, un plus grand développement ; d'un autre ils désirent de jouir du moment présent ; peu faits aux soucis politiques, habitués à voir dans un état paisible tous les besoins sociaux et ceux de l'intelligence, ils veulent jouir de la liberté avant de la posséder encore ; au milieu de cette contradiction, des pensées diverses se heurtent et cherchent à s'éclaircir dans les esprits ; partout le passé embarrasse nos mœurs, les idées en sont aussi péniblement occupées ; le passé ne peut cependant arrêter le besoin de progrès ; l'action du gouvernement, en ne répondant pas à cette attente, contribue à augmenter l'incertitude. Quant aux troubles matériels, à la suspension des affaires, il est facile de les concevoir : outre la secousse qu'elles ont dû éprouver dans leur complète direction commerciale, par l'intervention de la politique, et dont elles se remettront peu à peu, les hommes n'entrent bien dans les vues sociales, les relations ne deviennent faciles que lorsque la société est bien assise et motivée sur un principe. Outre la chaleur et l'incertitude du premier moment, il y a d'autres causes de mouvement et de fermentation dans la société ; on peut en juger ainsi en le voyant durer encore, on peut concevoir ce qui l'a fait naître, l'entretient, et les moyens d'en sortir. Nous le pouvons ; c'est au gouvernement à le comprendre.

Les causes de ces inquiétudes qui semblent désorganisatrices, de ce trouble moral durable se réduisent a celles-là : le besoin de sentir les progrès de la liberté dans la vie politique, dans l'art social; la nécessité d'avancer qui naît de l'état actuel que tout ralentit, même les mesures et la conduite de notre gouvernement. Tout nous ralentit, des influences secrètes ennemies, la fatigue des efforts quand on n'a plus d'obstacles à renverser, l'exemple du passé, un avenir nouveau inconnu qui n'est compris que par la raison que l'on ne veut pas prendre pour guide.

Si l'état où nous sommes pouvait être durable, et il ne le sera point, de la liberté que l'on a cherchée pour elle-même à ses conséquences et son application sociale, il n'y a qu'un pas ; on pourrait dire pourquoi vouloir nous hâter, rendre la marche plus rapide ; l'état actuel est naturel, nous n'éprouvons point le besoin de mouvement ; mais je vois dans notre situation des élémens qui ne permettent pas le repos. Cet état ne saurait durer parce qu'il est indéterminé ; un premier effort nous a fait secouer le joug auquel nous étions soumis. Nous avons détruit son principe, mais ses habitudes et ses effets durent encore, ils doivent être nécessairement changés, il n'y a aucun motif pour s'arrêter ; l'immobilité politique dans la carrière des progrès et de la civilisation est toujours forcée et produite par des causes. Elle est toujours un besoin de la société, un moyen détourné d'arriver au véritable progrès ; mais rien aujourd'hui ne détermine cette immobilité : par la révolution nous sommes mis en possession de la liberté, il n'y a lieu qu'à son développement; ce développement seul est inévitable. Lorsqu'un état est commandé par la nécessité, on en éprouve l'influence, on le supporte quel qu'il soit, comme obligé; la société est tranquille. Mais aujourd'hui les sujets de plainte s'élèvent de toute part à juste titre contre le gouvernement, tous les esprits sont en mouvement; on sent qu'on doit vouloir que la situation ne dure pas; qu'il faut adopter les conséquences et en venir naturellement au progrès. Quand les besoins du moment sont si simples, quoique nouveaux, qu'ils ne doivent être, comme la révolution dont ils sont la suite, que le résultat de la volonté, lorsqu'il n'y a plus de force morale a subir, que tout le moyen-âge est renversé, qu'il n'y a plus qu'un déblaiement à faire, que la raison est la seule cause et le seul guide, qui pourrait espérer de la retenir? Partout des germes de progrès nouveaux, de développement immédiat de choses qui se trouvent à l'étroit dans des formes vieillies; l'esprit marche sans cesse; non que je croie à la perfection indéfinie, mais son propre est d'avancer toujours pour aller vers un but. A mesure qu'il est plus éclairé, ses modifications deviennent un besoin de conséquence irrésistible pour la raison, j'en atteste l'inquiétude générale. Tel est le moment actuel, toutes les idées principales d'une civilisation complète existent, mais ce n'est point encore un état satisfaisant; elles ont besoin de leur dernier progrès, de leur harmonie entre elles, des habitudes du nouveau mode d'existence qui doit naître dans nos esprits ; l'avenir est retenu par le passé ; nous sommes poussés vers l'avenir par l'intelligence. Cependant les traces du passé s'effacent ; rien qui se modifie irrévocablement comme l'intelligence. Sa nature est éternelle ; le passé est un souvenir, l'avenir est tout pour elle. Aucunes nouvelles habitudes de l'esprit ne remplacent encore le passé, il n'en existe que le besoin : telle est la situation des esprits ; ils sont incertains, sans direction. De là la nécessité d'avancer. Si le passé n'a point un principe d'existence, il nous retient comme un lien par de fausses analogies ; il faut le dépouiller et le laisser derrière nous. De ce que notre état n'est pas déterminé ni la révolution achevée dans ses conséquences, il résulte la continuation des principes de mouvement politique. Jamais circonstance plus difficile : sans avoir rien de menaçant, aucun des dangers sociaux d'une révolution, elle en a pourtant le caractère, l'indécision, l'agitation et le mélange d'intérêts divers ; mais sont but et son issue n'en sont pas moins simples. Un état de révolution politique est un choc du présent avec le passé, d'influences qui naissent avec celles qui existent déjà : le doute qui naît de la complication ; les moyens les plus opposés s'aident et s'unissent pour arriver au but ; la cause la plus influente est souvent celle qui est la moins aperçue, la moins prévue. Chaque moment, en nous donnant à réfléchir, marque davantage notre situation ; les efforts du temps et du délai ne peuvent la changer.

DE QUELQUES ERREURS DE THÉORIE SOCIALE.

Les autres causes d'inquiétude et d'agitation sont la discussion de quelques principes, des dissentimens sur les véritables formes et la théorie sociale. Nos derniers progrès vers la liberté se sont faits sous une apparence qui nous est naturelle, sous l'empreinte et la direction de notre civilisation : l'amélioration de l'aisance du sort social ou de l'humanité. Avant de connaître la liberté, nous avons ainsi rêvé sur ses conséquences. Cela tenait aussi au goût de repos qui nous préoccupait, aux progrès de toutes les branches d'industrie et de richesses, de tous les arts qui soutiennent la civilisation ; aux habitudes prises dans un état que nous devons au principe proclamé de la liberté, à ses conséquences, sans que nous songions vraiment à elle-même. La liberté améliore l'humanité dans ses rapports avec le possible, puisqu'elle en est le vrai développement ; mais le soin de l'humanité, de l'aisance sociale n'est pas le sentiment exact et complet du perfectionnement humain. Dans l'homme, l'humanité a un caractère de passivité ; dans la société, elle ne comprend pas tout ce qui peut être amélioré, c'est-à-dire l'inviolabité accordée à tous les droits, la direction de toute notre existence accordée à l'intelligence. Il ne dépend pas de l'homme de vaincre la destinée de l'humanité ; les théories, les formes sociales n'y peuvent rien ; c'est donc se jeter dans l'erreur que de s'occuper d'elle seule. Ainsi, un principe même bienfaisant égare lorsqu'il est mal interprété. Le repos de la restauration, en abusant du respect dû à la chose établie, en lui donnant le nom de légalité si beau sous un régime libre, lorsque toutes les lois revêtent une principe de la raison, un besoin des facultés humaines et de la perfection, avait aussi créé d'autres préjugés. Après avoir renoncé aux principes, on admirait l'existence toujours plus douce de l'homme, oubliant que c'était ce vif enthousiasme de la liberté qu'exprimait si bien l'hymne la *Marseillaise* au commencement de notre première révolution, qui avait fait naître ces fécondes conséquences. On rêvait l'humanité en mêlant des erreurs à des dispositions morales.

La liberté en elle-même est donc le besoin immédiat de l'intelligence, le but des efforts de l'homme, la garantie de son bonheur. Hors d'elle tous les efforts pour arriver au bonheur sont des utopies ; elle seule peut le réaliser. La nature a placé dans l'intelligence comme un gage de supériorité et un moyen de défense, l'idée, le besoin qu'on ne saurait étouffer, de liberté : mais son caractère est absolu ; elle doit, pour exister, être pure de tout mélange.

L'humanité elle-même se perfectionne par le

développement de l'intelligence, par la sanction de tous ses actes, par la raison.

C'est de cet abus qu'est né le caractère des erreurs sociales du moment, l'exagération de quelques principes de la raison et du perfectionnement désiré. On a fait des théories sociales fondées sur une complète égalité politique; ce n'est plus par une exagération républicaine assise sur une certaine idée d'égalité, mais par le désir du perfectionnement social. D'un autre côté, une monarchie républicaine, le privilége dans le gouvernement, sera le dernier rêve du désir d'une liberté pratique dans l'intérieur de la société, joint à l'insouciance politique.

DU DROIT POLITIQUE.

Le droit politique est la base de la société libre; il est important d'établir sa nature. Chez les nations modernes, les mêmes droits, le même patriotisme sont communs à tous les hommes, il ne peut y avoir que des différences politiques. Exercer des droits politiques, c'est faire valoir, exercer ses droits à la direction et à la discussion des affaires sociales. La société est le résultat du développement des facultés morales et industrielles de l'homme. Son existence est ce qu'elle a acquis, ce qu'elle possède. De là les droits publics ou politiques à son partage, sa direction ou sa conservation, de ceux qui y contribuent. Quels sont les droits de celui qui, ne possédant rien, n'a aucun avoir social? Les lumières sociales, les jouissances du luxe, l'équilibre de tous les droits, tout ce qui forme l'art social, en quoi le touchent-ils? S'il est dans la dépendance sociale, il est aussi sous sa bienfaisante influence; il a des droits d'homme, ils ne lui sont point contestés; il n'est point séparé dans une classe à part, il peut en sortir; on n'accorde de droits qu'à ceux qui en ont. On n'établit pas de priviléges; on ne suit que la nature qui est la mesure, l'expression de la réalité et du bien possible; il n'a donc pas à se plaindre d'être privé du droit d'une intervention politique qui lui serait inutile. De l'admission aux droits politiques des dernières classes il résulterait, comme une preuve d'expérience, la plus grave perturbation dans les rangs divers de la société. Comment dans les discussions intérieures, malgré le droit, l'intérêt des plus hautes classes, pourrait-il être mis en compte et s'accorder avec celui du bien plus grand nombre qui ne possède rien? Les autres classes ont dans leurs rapports, le même intérêt, les mêmes droits à respecter. La société politique est donc un fait; les conditions de ce fait sont les droits sociaux. Elles résultent de la nature, elles sont fondées sur ce qu'elle établit.

Les prolétaires, la classe ouvrière, la moins intéressée au perfectionnement intérieur, à l'avancement matériel de la société, ont fait la révolution. Ce fait est presque entièrement vrai: leur intérêt n'était pas blessé ou bien moins. Leur intelligence seule les éclairait, leur montrait l'avilissement social. Joints à des hommes d'une imagination d'artistes, à des ames enthousiastes du beau, ils ont renversé le gouvernement : c'est ce qui a donné un si beau et si pur caractère à notre révolution. L'amour de la liberté, le sentiment de son besoin pour l'homme, sans considération d'intérêt, sans ses conséquences de prospérité, les dirigeait. Ces jours-là on était digne de la conquérir ; on ne voyait, on ne demandait qu'elle. On était sage parce que la liberté n'abuse et n'égare pas. Nous leur devons le fait, mais toute la société devait y prendre part. Aussi avancées en civilisation que ceux qui l'ont faite, aussi exemptes de préjugés, les autres classes étaient retenues par des habitudes ; elles doivent aujourd'hui comprendre que l'égoïsme n'est pas un esprit de conduite, mais un manque de culture et d'intelligence, qu'il est le sommeil et l'oubli des plus grandes qualités de l'ame ; que l'existence politique est un intérêt réel ; qu'elles sont surtout chargées de la défendre.

On eût pu dire aux ouvriers, à ceux qui ont vaincu, et que des causes politiques agitaient : On vous égare ; vainement abuseriez-vous de la gloire acquise, vous ne changeriez point la force des choses ; une victoire supposée ne profiterait qu'à quelques hommes, à ceux qui vous auraient conduits. Si vous aviez des droits politiques, que feriez-vous ? Vous occuperiez-vous d'intérêts sociaux, de débats qui ne vous concernent point, que vous ignorez, parce qu'ils ne touchent pas votre existence ? ce n'est pas la nature des choses.

Vous occuperiez-vous de vous seuls ? en vous tenant aux principes, vous demanderez la protection de l'industrie et du commerce ; c'est l'intérêt des classes dont vous n'êtes que les ouvriers et qui en ont aussi d'autres à défendre. Dans la société, celui qui fait produire a bien plus de droits que celui qui produit. En travaillant on remplit une obligation personnelle dont la société n'a pas à s'occuper ; en donnant à travailler, en possédant on est utile à la société, on en devient partie, on y acquiert de la valeur : rien ne saurait détruire la force de ce principe. Si vous étiez exclusifs par la force, par de faux principes, vous attireriez à vous les fortunes d'ailleurs et en arrêteriez le cours ; vous détruiriez la société. Vous êtes libres, travaillez ! acquérez ce qui donne une situation politique, des droits à défendre ; on ne vous conteste rien, on vous éclaire ; on vous refuse ce qui ne vous est point nécessaire. Vous êtes un classe intéressante de la société, volontiers je serais tribun pour vous défendre ; mais ici je raisonne, je reconnais les choses comme elles sont ; l'origine et la nature du droit politique dans les sociétés ; ce qui doit en résulter.

Dans le cours social, dans les révolutions, toutes les émotions ont des motifs fondés, même des causes politiques. Il y a encore dans notre société des habitudes d'aristocratie, de priviléges ; c'est à elles que s'adressent les irritations, c'est à cause d'elles que ces systèmes trouvent de l'écho. Dans les rangs élevés de la société, ces restes d'habitude sont naturels ; dans les classes qui viennent après, c'est une espèce d'imitation ancienne des premières, un égoïsme qui fait que chaque classe se préfère à celle qui la suit, s'en sépare ; un isolement qui provient de mœurs particulières. Sous ce rapport la société a besoin d'être nivelée, de perdre quelques préjugés du moyen-âge, de former un corps plus compact. Jusqu'à ce moment les classes moyennes, les hautes classes, excepté ceux d'entre elles qui tenaient le pouvoir, sont restées étrangères aux affaires publiques ; n'ayant qu'une existence privée, des affaires particulières, elles ont contracté des mœurs, un esprit qui n'a rien de public. Dans la première révolution, que de désordres et de malheurs n'ont-elles pas coûté en s'effaçant dans la lutte, en laissant aux dernières classes la puissance et le soin de détruire les abus, de reconstruire la société ! Ces classes qui ne tiennent à la soéiété que par des liens moraux, qui n'ont besoin que de sa plus simple expression, comment auraient-elles pu la comprendre, l'édifier, la conserver ? Que serait-il arrivé si elles avaient su la détruire ? Il n'est pas vrai qu'elles aient besoin de son développement pour vivre ; son anéantissement ne les empêcherait pas de satisfaire aux premiers besoins qui sont les leurs. Heureusement, excepté pour l'intérieur, leurs âmes étaient élevées par le patriotisme et la liberté. Elles se confondaient sur la frontière avec le reste de la nation :

elles ont porté dans toute l'Europe la liberté et le nom français. Aujourd'hui, malgré leur simple éducation, le progrès des lumières les a trouvées les plus sensibles ; elles ont encore payé de leur sang et de leur vie. Honneur à cet esprit désintéressé, à cette intelligence que Dieu fit si belle, si noble et si pure! De même qu'après la première révolution, la classe moyenne s'est si fort augmentée, il s'est élevé tant de fortunes nouvelles, aujourd'hui il se formera de nouvelles classes indépendantes, il se créera de nouvelles industries. L'ilotisme politique, car il n'en est plus de moral, sera plus borné qu'il ne le semble d'abord ; cet état est attaché à toute société, il est la suite de son principe de concentration et de développement, il n'a rien de contraire à la loi naturelle.

Aujourd'hui que nous ne sommes plus à découvrir la liberté comme un phare après une longue course, qu'elle est enfin dans la pensée sociale et lui a fait faire ces progrès, elle doit entrer dans nos mœurs et les former à la chose publique. Plus de préjugés de classe, et la timidité politique qui en naît ; le rapprochement des diverses classes entre elles en un corps de nation, la même volonté et une même pensée sociale, l'habitude de l'action politique, de la liberté publique leur est nécessaire. Je vois avec plaisir s'établir cette grande garde nationale, expression de la puissance et de la volonté de la nation ; elle éprouvera encore des modifications dans son organisation et son but.

Peut-être serai-je accusé d'aristocratie en envisageant notre société comme inégale; je pourrais répondre : Pourquoi vouloir l'impossible ? pourquoi rêver une égalité qui n'a pu avoir lieu que par un nivellement destructif? Mais, leur dirai-je, voulez-vous renoncer à cette société si variée et si cultivée, si imposante et si riche, à votre profonde culture morale ? Il est besoin de degrés pour atteindre jusqu'au sommet de notre édifice social; lutter contre la force des choses n'est pas d'un esprit sage. C'est en partant de ce que la nature établit, que l'on peut cultiver l'homme et le conduire au progrès, à ce qu'il y a de plus beau et de plus élevé dans lui. Votre direction populaire doit être de répandre le patriotisme et l'esprit public dans toutes les classes, de protéger toutes les existences; le privilége est le vice de l'assiette sociale, il a disparu devant la raison; le reste s'établit selon la nature. Je dirai même que notre manière d'être sociale avec son plus grand développement de mœurs, et les existences élevées qui la couronnent, est plus favorable à l'homme en général, admet un moins grand nombre de prolétaires que celle des anciens. Les peuples anciens, plébéiens par leur égalité de droits, la simplicité et l'unité de leurs mœurs, étaient pour ainsi dire aristocrates par le petit nombre de leurs citoyens. Il y avait bien chez eux inégalité de fortune, c'est un effet naturel de la circulation du signe de la valeur, du numéraire et des chances du hasard ; mais ce n'est pas cela seulement, hors de son application, qui représente la richesse sociale, sa culture ; ce sont les différences de mœurs, de vie, d'habitudes. Elles étaient communes dans leur république ; la fortune ne représentait qu'un surcroît d'aisance ; aussi une loi agraire, le partage égal des biens, n'était-il chez eux qu'une injustice. Le partage des droits sociaux, par le manque d'un principe de mouvement, demeurait immobile et stationnaire, et par là dévolu à un plus petit nombre : aussi chez ces peuples l'origine du citoyen et du prolétaire, accidentelle et appropriée à leur situation, la préexistence pour le premier, pour l'autre la servitude, suite de la guerre, n'avait presque reçu aucune modification dans son ensemble ; elle n'admettait que de rares exceptions. Il faut, pour qu'une nation libre et cultivée existe, une certaine richesse. L'idée, richesse ou excédant des premiers besoins par son développement naturel, qui est la suite d'efforts, par un principe de l'humanité et de l'existence, inégalité dans la production, suppose toujours un certain nombre qui n'en possède rien. Ce résultat est invincible, il est aussi naturel qu'utile dans sa nécessité à l'accroissement et aux efforts sociaux. Dans nos sociétés, par le moyen de ces classes plus nombreuses, par cette proportion de degrés plus rapprochés entre eux, un plus grand mouvement est entretenu dans la richesse sociale ; il y a moins d'immobilité et d'accumulation ; chaque classe agissant de près sur la richesse sociale, sur ce qu'elle a acquis et sur ses principes d'accroissement, la rend moins stationnaire, lui donne une heureuse impulsion ; elle entretient sa circulation et étend ses besoins : de là un plus grand rapprochement dans la nation, plus de chances d'acquérir l'existence sociale. Ce principe d'action est utile et favorable à l'homme. On voit que ce mode de société s'accorde même avec les autres qualités de notre raison, le désir de notre nature : le bien-être de l'humanité. Ne cherchez donc pas à la détruire par un vain principe d'égalité impraticable, et proposé sans réflexion comme la base de la république ; ne cherchez pas non plus en dehors d'elle un système d'amélioration, il n'aurait d'autre résultat que le danger du rêve et de l'utopie dans les choses pratiques.

Tel est le caractère de quelques théories, celui du mouvement populaire. Dira-t-on que ces prétentions commencent à s'apaiser ? mais dans le développement naturel des élémens de la société, livrée à elle-même, elles pourraient se reproduire, peut-être sous la forme d'action. Ce n'est que par une situation sociale nettement marquée qu'on peut en écarter le danger. Si quelque chose pouvait troubler le calme et l'ordre, ce serait l'obstacle mis au développement social par l'obstacle au progrès des idées. Car, comme nous le disons, la société n'est pas encore assise sur ses véritables bases ; certains élémens ne sont pas tout-à-fait développés ; ce serait encore la faute du gouvernement.

Tous les faits de notre situation doivent s'accomplir d'eux-mêmes, parce qu'ils ne sont qu'une conséquence vraie, les développemens de principes établis. Le moyen de remédier au trouble, de la part du gouvernement, eût été une marche rapide, car alors on eût atteint et compris les besoins nouveaux. A la suite de toute révolution, agir promptement est un besoin ; on est autrement emporté par le mouvement; si on l'arrête, on la trompe et on ne détruit pas les motifs qui l'ont produite ; il faut remplir ses vues avec vitesse; à la place de ce qu'elle a renversé, construire ce qu'elle a voulu. L'inquiétude est intérieure, elle est palliée par la patience, elle n'est point factieuse. La nation se repose en elle-même, elle attend ce qu'elle cherche du développement, de la force des choses.

Comme les premières causes d'agitation ne sont dépendantes que du défaut de notre situation, du nouveau progrès, elles devront cesser d'elles-mêmes, se placer dans l'équilibre. N'ayant aucun germe, aucune nécessité de lutte, elles se corrigeront.

Les autres, qui sont la lutte du passé avec l'avenir sans motif, dans des circonstances qui ne sauraient être stationnaires, qui sont produites par la non-intelligence des choses, celles-là seules doivent être changées et détruites.

DU GOUVERNEMENT ACTUEL. — QUELLE AURAIT DU ÊTRE SA MARCHE.

Cet état d'agitation, le malaise, qui est un des signes que revêt notre situation mouvante et difficile, ne saurait durer ; il doit se résoudre.

Le dernier ministère, en entrant franchement dans sa position, en la comprenant, aurait détruit à lui seul ces restes d'inquiétudes rétrogrades par lesquelles il semblait motiver sa conduite, et les craintes de la faiblesse et de l'indécision. La confiance suit les vues d'un esprit assuré, et le développement d'idées vraies entraîne tous les scrupules ; il aurait dû montrer lui-même la voie où l'on aurait dû marcher ; alors il aurait vraiment été ce qu'il convenait, le ministère de la circonstance et du moment.

Mais il a voulu suivre le passé ; il n'a vu qu'un changement de gouvernement ; à peine a-t-il compris la révolution. Les hommes distingués qui étaient à la tête des affaires, préoccupés du genre d'opposition qu'ils faisaient au précédent gouvernement, n'ont pas compris l'importance, l'étendue politique de cette manifestation de la volonté nationale ; ils n'ont point senti sa force. Le ministère a peu tenu compte du besoin moral qui se trouve dans toutes les révolutions soulevant la société entière. La révolution avait pour objet le gouvernement, il ne l'a presque pas modifié ; il a obéi à des considérations qui, bien qu'importantes en elles-mêmes, ne doivent pas être écoutées devant le besoin d'une vigoureuse impulsion sociale, suite d'une révolution : aux restes de préjugés existans, aux dispositions qui en naissent, peu favorables à de nouvelles institutions. Il s'est conduit ainsi par incertitude et sans doute en secret dans l'intérêt de sa propre conservation, pour demeurer ce que l'avait fait le passé. Il rencontrait, dirait-il, des obstacles dans les dispositions d'esprit stationnaires et peu hâtives des provinces, celles de certaines classes ; pour les faire marcher, il faut créer des institutions, leur offrir la nouvelle carrière de la civilisation. Cette maxime pratique de la société était applicable : ce sont les hommes qui font d'abord les institutions, et les institutions qui forment ensuite les hommes. C'est alors que la légalité, ou plutôt les lois éclairées et justes deviennent chéries, et sont entourées de respect et d'amour.

Qu'avait-il à faire? à ne rien pallier, à prétendre surtout nous donner des institutions libres et vraies ; alors on lui aurait accordé le temps. Il devait comprendre que la dernière révolution était le complément de la première, sous ce rapport qu'elle devait nous donner des institutions, comme la première avait donné les principes ; elle avait été suivie d'instans de repos et de réaction nécessités par les erreurs, la diffusion, les écarts d'esprit qui suivent le développement spontané d'idées vraies ; que c'était à la dernière révolution à nous donner le gouvernement de la liberté.

Une révolution, ou plutôt un changement inévitable et invincible, fait pour des institutions, ne demande pas de repos ou de réaction ; c'est l'expérience qui le détermine ; c'est un besoin éclairé. Lorsqu'un peuple arrive à juger lui-même ses institutions, c'est-à-dire les formes, et, pour ainsi dire, le cadre social qui le contient, à vouloir le changer, il est capable de se conduire lui-même. Désormais il est libre, et doit suivre sa pente naturelle, qui est la sagesse ; c'est pourquoi notre direction politique actuelle, notre gouvernement ne saurait durer ; il n'est point la libre et naturelle expression du moment, il ne saurait lutter contre l'avenir. Par ces institutions qui sont un besoin, nous entendons tout ce qui manifeste au dehors, dans la société, la vérité, le caractère de l'esprit humain libre et éclairé, toute la chose publique qui doit satisfaire aux vrais besoins sociaux. Pour les obtenir, il faut sans doute modifier celles existantes qui l'ont déjà été par le temps, changer celles qui ont des racines gothiques ; il faut examiner l'ensemble du gouvernement, conserver ce qui est nécessaire, retrancher les mesures inutiles, les soins qui ne le concernent plus. Le moyen de le faire entrer dans sa véritable direction est de lui ôter les préjugés du passé, sa manière de se concevoir, le soin de sa conservation en dehors de son utilité sociale, nuisible en ce qu'il empêche le développement libre de la société. Il faut le rendre plus simple, diminuer son importance autrement que comme l'expression et la force exécutive de la société. C'est sous le rapport de son existence propre et spéciale, et comme moyen ou administration, que nous l'envisageons.

Dans les premiers temps de la société, il est chargé de la défendre contre elle-même, il s'édentifie avec la protection qu'il lui donne, il se regarde comme le garant de l'existence et de la sûreté sociale, tandis que plus tard il doit en dépendre tout-à-fait (1). A mesure qu'il trouve moins de facilité, il déploie plus de moyens d'exécution et de défense : sa force est dans les préjugés, le défaut de lumières, les divisions sociales; son premier emploi est de créer et développer, de diriger l'existence sociale, de la protéger au dehors. Sous ce rapport, sa surveillance doit être immédiate et minutieuse, doit l'élever lui-même, lui donner une vie à part et une grande impor-

---

(1) Un des sophismes qui servent de défense au gouvernement, qui dirigeait surtout l'administration de ceux qu'on appelait doctrinaires, qu'on trouve dans les ouvrages politiques de M. Guizot, c'est celui de l'indépendance nécessaire à l'action du gouvernement, qu'il faut l'élever, l'assurer par lui-même pour le conserver. Mais cette indépendance, autant qu'elle est nécessaire, est une conséquence rigoureuse de l'action même; elle est défendue par son propre but; elle n'a pas besoin d'être protégée, autrement établie. D'ailleurs, sous le régime de la liberté, l'action du gouverne-

tance. Plus tard, lorsque l'éducation de la nation est achevée, il n'est plus qu'un simple instrument; rapproché d'elle, il en reçoit l'impulsion. Son autre soin est d'obtenir et d'avoir à sa disposition les moyens et les forces sociales nécessaires à sa propre existence, à son exécution; sous ce rapport son action est encore compliquée, elle devient bien plus facile par le libre consentement. Le gouvernement d'une nation devenue libre doit donc se modifier dans son principe et son mode d'existence; il doit comprendre que dans ses rapports avec la nation, elle ne saurait jamais le compromettre; il ne doit jamais lutter contre elle, la nation ne saurait lutter contre lui. Il doit perdre le souci de sa conservation pour ne songer qu'aux soins qui lui sont confiés.

Il doit être aussi modifié dans son action. Sa manière d'être changée, son importance réduite, son action doit l'être aussi; il n'est plus qu'un moyen. Le soin de sa conservation n'est plus en

---

ment, comme les autres institutions sociales, est consacrée par la loi, qui exprime tous les besoins de l'homme, les défend de toute attaque. Il faut se reposer sur elle. L'expérience et la raison apprennent que les gouvernemens sont respectés des nations, que les peuples ne tendent pas à la dissolution de la société; qu'ils ne veulent point se détruire eux-mêmes en renversant leur gouvernement. Au sein des républiques, on n'a jamais combattu que contre les abus; droit assurément légitime: le désordre est toujours né de causes particulières, de la force des choses.

lui, il ne rencontre plus d'obstacles; son action doit être moins étendue et moins compliquée, puisqu'il n'a plus la société, l'état politique à créer et à défendre; qu'il a fait lui-même des progrès dans son art, qu'il doit agir ouvertement par les moyens les plus simples.

L'administration comprend: 1° la nécessité d'assurer les besoins publics; 2° la protection et la surveillance sur tout ce qui est d'intérêt public, les arts et institutions sociales; la représentation de la nation.

1° L'impôt peut être levé d'une manière plus simple et plus directe, il doit subir quelques modifications dans sa répartition, et doit être personnel et direct en grande partie. Dans l'origine, la classe privilégiée n'était pas soumise aux contributions; le peuple, qui représentait véritablement la nation avant son développement complet, supportait seul le fardeau de l'état. Du peuple sont sorties aujourd'hui toutes les classes élevées et moyennes de la société; son développement est comme épuisé; il ne contient presque seulement que les prolétaires. L'impôt supporté par le peuple, lorsqu'il était la nation, semblait naturel et équitable. Aujourd'hui il ne doit y contribuer que dans une proportion bien légère, égale à sa part d'existence sociale. Le dégrèvement des impôts qui ont pour base les premières nécessités n'est pas seulement humanité, mais raison et justice. L'impôt direct est juste, rend plus sensible les devoirs de citoyen, l'existence sociale, donne plus de facilité pour la répartition convenable. Il renferme également l'idée de droit et de devoir. Sous le second rapport, le gouvernement doit s'occuper de moins d'objets ; seulement de ce qui intéresse la chose publique, non sa propre sûreté. La création, par exemple, de troupes réglées a tenu de bien près à l'établissement d'un pouvoir absolu ; elle ne peut être utile qu'au dehors. Ne serait-il pas possible d'avoir autrement des troupes exercées, des citoyens habiles soldats ? sous le règne de la liberté, l'esprit militaire s'allie aux occupations les plus paisibles ; alors tous les instincts du cœur de l'homme, le sentiment de tous ses devoirs vit en lui. Le jeune homme ne pourrait-il pas être dans ses foyers ce qu'il est en garnison, soumis à l'obligation impérieuse et absolue d'aller au devant des dangers défendre la patrie, obligé à l'étude de la science militaire ? Ayez des armées quand il en sera besoin.

La surveillance du gouvernement sur les arts et institutions sociales doit s'exercer plus facilement, doit offrir une grande économie de moyens ; n'ayant plus d'impulsion sociale à donner, ses forces doivent être moins étendues et concentrées sur la surface du pays, sa représentation moins fréquente. N'exerçant plus sur la morale et l'esprit, d'influence civilisatrice, sa surveillance est plus aisée, demande moins de moyens. Dans la direction sociale, l'éducation par exemple, il n'a qu'une action conservatrice.

Comme représentant de la nation et ayant la direction de ses moyens et de ses forces, il doit avoir aussi moins d'étendue, une manière d'être plus simple, puisqu'il n'est qu'une administration.

Son action en général sera simplifiée. Combien n'étaient-ils pas onéreux par leur mode et leur dépense, les moyens dont il se servait! Elle doit devenir moins concentrée et moins forte.

Son importance est ainsi diminuée : mais son rôle est bien ennobli, comme l'interprète des besoins, l'expression de la volonté d'une nation libre, par la science profonde et la direction de la civilisation. Tel est le moyen d'avoir un gouvernement qui ne pèse pas, dont la dépense soit modérée. On conçoit que tel qu'il est, il doit être un obstacle au mouvement libre de la société.

DU CARACTÈRE D'INSTITUTIONS LIBRES.

Les personnes qui comparent notre dernier mouvement social au premier, leurs diverses phases, font une erreur dangereuse; ils diffèrent autant dans leur développement que dans leur but. Dans la première, on a pris en horreur les principes, c'est-à-dire les manières de voir absolues; il en a été ainsi par l'effet des intérêts réels divers, des élémens de la société aussi bien que de l'esprit humain, différents, qu'il aurait fallu considérer dans leur ensemble en tenant compte de chacun; alors ces principes n'avaient de vrai, de juste, que leur reconnaissance, qui détruisait les abus de l'état précédent; ils étaient mal appliqués à la société. Leur triomphe devait être violent, exagéré, parce qu'il n'existait pas encore de société qui pût les revêtir, en comprendre autre chose que leur enthousiasme, leur besoin pour l'intelligence; mais, dans le but de notre dernière revolution, les manières de voir absolues sont naturelles: aussi bien que la perfection, la liberté, la vérité sont une; dans une question d'institutions, il n'y a à concilier que la perfection, à exprimer que ce qui est dans notre nature. Une question de principes sociaux demande une étude profonde que l'expérience seule peut diriger, une grande impartialité de jugement. Une question d'institutions ne demande que le savoir de la liberté et du perfectionnement. La liberté donne celui des véritables besoins sociaux; du véritable équilibre politique, aussi bien que des institutions.

Il faut donc que le gouvernement marche à la tête de la civilisation; il n'a plus le pouvoir d'être rétrograde. S'il demandait quelles institutions sont un besoin pour nous, nous prendrions pour exemple la principale question des sociétés, la base et l'appréciation des droits politiques; elle doit être changée. Celle qui existait n'était qu'une indication, une ombre de liberté, une faible intervention de la nation, qui a pourtant amené le dernier résultat. En vain la chambre a-t-elle voulu depuis donner le change par d'autres lois, on a senti l'importance de celle qui réglerait le cens; car le cens indiquant la position sociale, les divers élémens qui forment la vie, l'existence, la puissance de la société est la base, l'expression abstraite du droit de citoyen. Sa fixation, comme mesure et limite de ces droits sociaux, comme développement politique qui les établit sur leur véritable base, est de la plus grande importance, comprend toute l'étendue du mouvement actuel, embrasse tous ses besoins et peut lui servir comme d'issue. Mais comment résoudrez-vous la question? fixerez-vous le cens arbitrairement? En ne pas admettant son principe, vous faites comme par le passé, vous n'admettez pas le droit social tel qu'il est naturellement, vous le resserrez dans des bornes fictives ; vous ne satisfaites pas au besoin de vérité, qui est celui du moment. La situation en sera compliquée, les esprits faisant sans cesse des progrès vers la liberté, s'éclairant tous les jours sur les droits, la constitution sociale, il pourra naître de là des discussions orageuses qui armeraient une partie de la société ; il ne vous paraît pas ainsi, mais attendez : tous les jours les fictions du passé se dissipent pour être remplacées par des motifs de conduite plus vrais, par la réalité. La question est fondamentale, ne saurait être omise, elle doit être résolue d'une manière absolue ; la résoudre autrement, c'est nourrir l'incertitude actuelle, c'est conserver un foyer de mouvemens intérieurs ; la résoudre ainsi, c'est mettre la nation en pleine puissance de ses droits politiques, de la liberté; c'est ôter tout-à-fait au gouvernement une influence qu'il a de trop, la direction de la société; c'est asseoir et constituer la société, c'est dissiper toutes les vaines théories. Tout homme ayant une propriété foncière, industrielle ou commerciale, pouvant représenter un cens au-dessus de l'infiniment petit, par rapport au terme moyen, doit avoir des droits politiques; le plus petit cens admis doit être sans doute la limite de l'impôt direct. Le dernier terme du cens doit être bien naturellement établi; il doit se borner au point où l'homme est tout-à-fait dépendant, où il mène une vie précaire et n'a pas d'existence sociale. Mais, dira-t-on, la nation n'est point encore préparée et mûre pour jouir de ses droits. Sa dernière intervention, l'inquiétude qui l'a suivie, établit le contraire; c'est de là que vient la nécessité où vous êtes placé d'agir ainsi. Un peuple est toujours assez éclairé dès qu'il a oublié les théories du despotisme.

Tel est le principe de toutes les sociétés libres. Chez les anciens, ces droits avaient une autre forme parce qu'ils n'avaient pas eu la même origine et un semblable développement; mais le fond en était le même.

Aujourd'hui vous compteriez en vain sur la chambre actuelle, ou une autre élue d'après le même principe, pour indiquer l'état de la nation: elle deviendra toujours plus impuissante et exprimera davantage une faible minorité. Les besoins étant généralisés et devenus plus profonds, il ne s'agit plus d'une localité ou d'un collége électoral, mais de la France entière, du vœu, des dispositions de la nation.

C'est dans cette déception qu'est le germe de l'anarchie ; la nation n'étant plus entendue par ses organes, il doit en naître la confusion, l'écart des moyens naturels et légaux, des voies établies de l'intervention populaire. Alors le gouvernement est compté pour rien, il perd sa valeur politique ; c'est seulement lorsque la nation interviendra légalement dans sa direction, c'est-à-dire selon ses droits, devenus des lois, qu'on pourra s'occuper utilement des formes essentielles du gouvernement et de la représentation nationale. Le véritable mode, les vrais besoins pourront être connus ; ce n'est qu'alors qu'il sera décidé ce que doit devenir la chambre des pairs.

Tout dérive donc du manque d'intelligence, de la mauvaise appréciation des choses, des contradictions du gouvernement avec la révolution, du non-sens de sa marche ; il ne faut pas craindre de le répéter, la plus grande cause d'inquiétude, du désordre d'esprit, de ce malaise évident, c'est la conduite timide du gouvernement. Il faut la combattre en lui faisant comprendre son rôle. Si le ministère manque de lumières ou de volonté, qu'il se retire ; mais la connaissance du moment ne manque pas à des hommes de capacité. S'il craint de ne point répondre aux opinions d'un certain nombre, qu'il sache qu'un gouvernement, pour être national, doit être à la tête de l'instruction sociale ; des sophismes n'ont de force que lorsqu'ils sont soutenus par un pouvoir établi, lorsqu'on les écoute ; la raison seule a une tendance invincible.

CE QUE C'EST QUE LÉGALITÉ.

Nous sommes éblouis, trompés par des habitudes prises précédemment. Les conséquences tirées du passé se présentent à l'esprit comme un obstacle. Que signifie par exemple légalité ? On obéit non à la loi, mais à la raison ; la loi n'est respectable que lorsqu'elle revêt un besoin, une expression sociale, lorsque dans un ordre de choses établi, elle exprime la liberté, la justice. Entendre autrement la légalité c'est vouloir reproduire le passé que nous avons renversé : la vraie légalité, ou le respect à ce qui est établi, n'existe qu'avec la liberté. Unir le présent au passé est une nécessité de l'existence ; mais cette union a lieu naturellement quand on suit les conséquences et qu'on agit d'après les vrais progrès. Elle ne consiste pas dans la liaison des formes. Les formes ne sont que l'expression du moment et peuvent changer sans cesse : on consulte bien mieux la progression naturelle en tenant compte des choses elles-mêmes. Jusqu'à présent notre progrès vers la liberté a dû revêtir des formes particulières, c'est-à-dire des entraves légales. C'était un besoin de repos et de réaction après les écarts et les erreurs en fait de principes, un mouvement concerté ; aujourd'hui cet état de choses n'a plus d'occasion, car la raison est assez éclairée; l'intelligence en harmonie avec elle-même. Il faut commencer à être libres. Ainsi, cet amour de légalité était une empreinte d'ordre qui a exprimé long-temps les progrès intimes de la liberté parmi nous. Son souvenir nous occupe encore; notre embarras vient aujourd'hui de l'inexpérience des principes de la vérité en elle-même; il est temps de ne plus s'épouvanter de la raison et des principes : nous sommes assez instruits pour voir leurs rapports avec les effets; la légalité du moment n'est donc que les liens timides du passé, elle ne doit point nous retenir et nous empêcher d'adopter les changemens nécessaires. Il faut réserver ce nom, les bornes inviolables qu'il oppose aux respects des droits de l'homme, aux institutions nées de la raison.

Un des moyens, dans la conduite des affaires, de respecter, dans la légalité ou les égards pour ce qui est établi, cet esprit d'ordre et de sens qui s'y trouvent, d'affermir le nouvel état contre toute secousse particulière, c'est de n'écouter d'exigence que celle de la justice et de la connaissance des choses; avec des vues à une hauteur suffisante, d'être modéré dans l'emploi des moyens; de maintenir de ce qui existe tous les élémens qui ne sont point blâmables, qui ne nuisent point à l'harmonie; de ne suivre que la raison même dans la conservation d'anciennes choses. Tout ce qui porte une empreinte différente s'effacera avec le temps;

il n'en faut pas moins faire les changemens nécessaires.

DU JUGEMENT DES ANCIENS MINISTRES.

Le jugement des anciens ministres est un sujet de discussion qui montre les conséquences du passé, et sert d'occasion aux mouvemens de la foule, aux attaques contre le gouvernement. Honneur aux victimes des trois journées qui ont demandé pour eux grâce de la mort, et rendent à des mânes héroïques un si pur hommage. Noble liberté! admirable révolution! Mais la générosité d'une nation c'est la justice, elle se doit surtout à elle-même. Quel sera le sort des ministres? seront-ils condamnés à mort? Suivant leurs principes de légalité, les deux chambres ne peuvent manquer de le faire. C'est sur eux que pèse la justice humaine; c'est aussi sur eux qu'on a dirigé le courroux du peuple. Sans doute ils sont coupables d'un attentat audacieux, ils ont combattu contre la nation, ont versé des flots d'un sang pur; ils ont mérité le plus haut châtiment: mais telle est la situation, la liaison de ce fait avec les précédens, qu'ils sont comme protégés par la direction donnée, par la conduite suivie. La conséquence, l'harmonie des causes est une nécessité dans la marche des choses; c'est toujours d'après les vrais principes qu'on est obligé de se conduire; dans cette décision d'une exacte justice, nous sommes encore entravés par le passé.

Une fiction légale protégeait le chef du gouvernement, la responsabilité regardait les ministres. Cet arrangement, cette manière de voir était supportable pour les détails de l'administration, qui sont le propre de ceux qui en sont chargés. Mais en principe, dans les grandes mesures, le chef de l'état n'en était-il pas le premier responsable ? Son plus grand soin était l'emploi de sa volonté ; une action comme celle qui a produit notre révolution a obtenu sa sanction. S'il l'avait ignorée, il serait également coupable par sa négligence. C'est sur lui qu'à juste droit retombe la responsabilité et le châtiment de haute trahison. Il n'est ni conséquent ni juste de punir de la peine capitale seulement ceux qui dépendaient de lui, tandis qu'en fait il était le chef de la représentation nationale. La justice humaine rendue froidement, pour être approuvée et digne d'elle-même, doit être au-dessus d'aucune considération et frapper ses coups avec majesté. Des motifs de politique intérieure et extérieure, la disposition des esprits l'ont garanti. Cédant à la circonstance, pour être conséquent, je voterais pour les ministres une autre peine que la dernière. Cependant combien ne l'ont-ils pas méritée ! On est ainsi partagé malgré soi entre la justice et la contradiction aux principes de sa propre conduite : le principe d'expiation, qui n'est qu'une juste vengeance, doit être exercé noblement, non sur ceux qui sont dans nos mains, mais sur ceux qui l'ont mérité. Dans ce jugement au nom de la nation trahie, qui n'a rien de commun avec le passé, la raison ne saurait charger les ministres de la responsabilité du crime. Le sang de tous les perfides conseillers de doctrines anti-sociales ne vaudrait pas celui des victimes de la liberté. Leur châtiment n'est que le besoin d'une justice qui ne saurait qu'être imparfaite et perdre de son caractère.

Voilà où nous ont conduits nos déceptions de légalité : de là la secrète répugnance de l'esprit à voir les ministres punis de mort. Elle est logique et n'est dictée que par la dignité nationale. D'ailleurs la vraie liberté est oublieuse à sa naissance ; c'est le lever d'un beau jour qui fait oublier la nuit ; elle anéantit ainsi les erreurs et les inconséquences du passé. La chambre, en voulant sans conviction abolir la peine de mort, a semblé ne vouloir sauver que les ministres ; elle a donné à croire au peuple qu'elle ne les jugeait pas dignes de la dernière peine. Le sang du peuple versé ne peut l'emporter sur les habitudes du passé ; ils ne reconnaissent d'une nation, de son existence et de ses droits, que le nom. Un crime politique, pour être moins vil qu'un vol ou tout autre acte des passions particulière et domestique de l'homme, a la même nature de culpabilité, surtout lorsque la société a pris un tel caractère, qu'il n'est pas possible de se tromper sur ses intérêts et sa volonté ; il est bien plus réfléchi, puisqu'il est l'oubli des facultés les plus élevées de l'homme, l'amour de la liberté, le patriotisme. Ses conséquences compromettent bien davantage la société. Un crime commis contre la nation ne mérite-t-il pas une réparation comme celui contre un homme?

La peine de mort abolie en ce moment, en dehors des autres changemens nécessaires, pourrait être nuisible; ce serait un sujet d'étonnement, ce semblerait de l'indulgence pour les coupables: elle ne serait pas comprise comme un développement de l'humanité, comme un principe de l'intelligence, comme une justice rendue à l'homme par une société libre.

DES CAUSES DE LA RÉVOLUTION.

Nous comprendrons mieux l'état actuel, la part du gouvernement, l'élan national, les préjugés qui l'arrêtent, si nous songeons comment la révolution s'est faite. Elle a eu lieu malgré les liens qui chargeaient l'esprit et l'idée de liberté; il les a secoués, mais il sort à peine de cette situation. Les causes qui avaient produit la restauration étaient épuisées; la nation avait recouvré son calme intérieur et ses forces. Elle était revenue de cette commotion politique qui avait fondé la liberté et l'avait poussée à envahir l'Europe. L'inaction politique, le repos moral ne lui étaient plus nécessaires; le pouvoir, sans but et sans direction utile, ne pouvait rester dans les limites qui lui avaient suffi précédemment; il était poussé vers le despotisme; son action était finie et il devait s'user lui-même, il ne fallait que s'en apercevoir. Cependant les idées de liberté étaient incomplètes et sans un caractère général; leur chaîne s'était perdue dans la complication d'effets, dans le travail social. L'instinct national reposait, pour ainsi dire, mis hors la voie par plusieurs secousses politiques qui semblaient opposées entre elles, des formes républicaines, un certain despotisme, le retour à des principes repoussés; il prêtait l'oreille aux conseils, il cherchait la raison là où elle montrait ses progrès. Dans son doute il n'avait rien d'hostile pour ce qui était établi. L'opposition réelle était sourde, indéterminée. Sa conviction était ralentie par le calme qu'elle voyait autour d'elle, par les formes et les entraves dont elle s'entourait elle-même. Son attitude n'avait rien de bien menaçant, il fallait que la nation se levât elle-même pour décider la question. Ainsi la révolution a dû les surprendre. En politique, les mouvemens étant nécessaires et d'une exacte précision, le coup est parti, le but atteint avant que son moteur se soit montré. Une circonstance particulière sert à couvrir son activité et sa vitesse. Ainsi, après avoir agi comme un parti, l'opposition est arrivée au gouvernement comme un parti. Les hommes qui la composaient étaient pour la plupart façonnés au pouvoir qu'ils combattaient. Dans la nation seule se trouvait l'instinct de ce qui lui était convenable, le sentiment immuable du progrès de la marche des choses, des idées sociales.

DE LA POSITION DE LA FRANCE PAR RAPPORT A L'EXTÉRIEUR.

Les motifs qui ont dû pallier au yeux du gouvernement son incertitude, sa conduite timide envers les conséquences de la révolution, sont les dangers à craindre à l'intérieur et à l'extérieur. Voyons quelle est la situation de la France. La question étrangère n'est pas menaçante pour la France. Lorsque la nation a brisé le passé, pleine de souvenirs d'autres temps, elle s'est demandé ce que l'Europe penserait d'elle, les diverses nations européennes, par leurs rapports, l'union de mêmes intérêts et de mêmes principes, par un vieil équilibre se devant un compte mutuel. Nous sommes heureux! Nous pourrons nous constituer en paix sans que la guerre nous donne un dictateur; notre révolution, n'étant qu'un complément et la mise en pratique d'une liberté mûrie, n'a plus qu'à jouir de ses effets et d'elle même; elle ne choque ailleurs aucun préjugé populaire, nous les avons détruits chez les autres nations comme chez nous. Depuis trente ans l'exemple, l'intervention de la France agit autour d'elle; aujourd'hui nous n'ébranlons que les trônes, notre révolution ne s'adresse qu'à des gouvernemens vieillis qui tomberont après le nôtre. Les idées de liberté ont fait partout le même progrès, modifiées suivant le caractère de la nation, ou gênées par des obstacles de situation.

La guerre est donc éloignée par cette sympathie de principes de tous les peuples, par le besoin du moment de lutter contre les gouvernemens, par la crainte qu'éprouvent les rois. Les intérêts particuliers le cèdent à un besoin général et commun de liberté. Malgré les situations particulières de chaque peuple, à l'exception des peuples du Nord dont la civilisation secondaire a commencé plus tard, l'Europe est comme surprise de sentir le besoin d'imiter la France, de la facilité à le satisfaire. De la liberté morale, de l'anéantissement des préjugés, à la mise en harmonie des institutions avec elle, au renversement d'un gouvernement gothique, il n'y a qu'un pas. Toutes les nations le comprennent; la France, plus éclairée et toujours audacieuse, a donné l'exemple : si quelque chose retient encore les autres nations, c'est le passé dont ils n'ont point encore secoué le joug par degrés comme nous, et qui pèse de tout son poids sur leur état actuel; leur fermentation est intérieure ainsi que la modification de leurs mœurs et de leurs habitudes. Proclamer la liberté est bien plus aisé que de se défaire d'un passé qui revit partout. C'est surtout chez ces nations que le despotisme est pour ainsi dire passé dans les mœurs, qu'il s'est fortement assis et rendu puissant par ses précautions et l'habitude.

Il n'y a qu'un point flagrant en Europe, c'est la Belgique; s'il arrivait, ce que je ne pense pas, que par un reste de préjugé d'équilibre, de coalition vieillie, une guerre générale se déclarât, le rôle de la France serait honorable et sans danger; elle n'est plus l'ennemie de l'état et des principes des divers peuples; la première des nations, elle n'a plus à agir violemment sur les autres, à les révolutionner : lorsqu'un peuple veut la liberté, il est assez fort pour l'acquérir par lui-même; la liberté sociale étant une modification naturelle de sa marche, se développe spontanément au sein d'un peuple.

Depuis que par leur développement et la pensée, les autres nations sont au niveau de l'Angleterre, elle n'a plus le même rôle; elle ne peut ni ne veut dominer. Ses rapports de guerre avec le continent ne sont plus que défensifs, depuis qu'elle ne saurait y avoir de l'avantage; elle le sent; la civilisation ne lui laissera conserver de ses droits commerciaux, de sa puissance sur les mers, que ce qui appartient à sa nature. Elle travaille à se modifier elle-même; elle revient à un état et des mœurs plus naturels. Ses vices intérieurs tenaient à son trop grand pouvoir, à sa prospérité extérieure. Son égoïsme dans ses rapports avec les nations étrangères, le monopole du commerce qu'elle affectait comme la source des richesses, était surtout causé par un intérêt factice, par le trop grand développement de son aristocratie, qu'il servait à entretenir. Là, était resté pour cette nation l'abus, le vice du privilége. Cependant quelques justes principes de gouvernement et d'administration intérieure, qu'elle avait connus la première, qu'elle avait proclamés, donnaient à son corps social sa force et sa supériorité! Aujourd'hui la nation a fait de nouveaux progrès, elle est accablée d'efforts qu'elle reconnaît lui avoir été inutiles.

L'Italie, encore quelque temps sous le joug, s'aidera surtout des nations qui lui sont les plus voisines; attachée violemment pendant quinze siècles au spiritualisme par les nations qui détruisirent la civilisation qui lui était propre, son progrès vers la liberté n'aura pas lieu par un semblable développement d'intelligence, mais plutôt par une certaine concentration d'esprit et le retour à son caractère. Il sera le dépouillement de nos formes et de nos idées. Elle n'en conservera que la connaissance et la science acquise. Déjà on peut le pressentir dans son silence et son mouvement intellectuel qui a lieu à part. Elle se détachera du système du centre de l'Europe, pour suivre la carrière des nations méridionales. L'effet de la civilisation par rapport à la nationalité est de grouper les peuples suivant leur caractère et leur position naturelle. La Russie perdra l'attitude qu'elle avait prise lorsque l'Europe était menacée d'être envahie par la France, lorsque son état et son repos étaient troublés jusqu'à ses limites; elle s'éloignera de notre cercle social, du contact des peuples occidentaux; elle s'en était rapprochée par le besoin de la civilisation. On verra que sa puissance réelle n'est pas égale à sa force apparente, il n'y a point dans les limites de son vaste empire d'union, de centralisation naturelle. Une partie qui résisterait et se détacherait d'elle lui donnerait à craindre pour les autres. La Russie était cette partie de l'Orient jusqu'alors étrangère à la culture et à toute communication qui avait été entraînée en masse et conduite vers la civilisation. Sans doute elle devra perdre quelques unes de ses additions ou de ses conquêtes, ou déplacera son empire.

L'Espagne est le pays où les principes ennemis de la liberté recevront le dernier coup. Son caractère tient le milieu entre celui des peuples anciens et des nations modernes. Douée de l'esprit et de l'imagination profonde des nations modernes, elle y réunit un caractère élevé et indépendant. La religion et le despotisme l'on soumise plus tard. Ils s'y sont développés avec une effervescence et un caractère absolu remarquable; ils y ont jeté de profondes racines et y ont acquis la puissance la plus étendue, un esprit de conviction et de soumission particulier. Dès qu'ils y auront été détruits, c'en est fait de leur influence; ils perdront pour toute l'Europe, l'autorité de croyance et de fanatisme qu'ils avaient, surtout là, revêtus pendant plusieurs siècles Déjà ils languissent faute d'alimens, le caractère espagnol revient à lui; bientôt la liberté éclairera la nation qui a ployé davantage sous le joug théocratique.

Ainsi aucune nation de l'Europe, aucun principe n'est menaçant pour la France ; d'ailleurs aucune influence ne pourrait vaincre son génie. Mais, dira-t-on, malgré cette tendance, les princes peuvent vouloir et faire la guerre. Non, ils ne sont point à craindre les volontés sont changées, et pâlissent devant les causes générales et les principes. Le sort de l'Europe est donc fixé, il n'y à plus de bouleversement à attendre par suite de réaction sociale, de la lutte des idées. Il n'y a en ce moment de question entre les états, que celles de nationalité et de bornes naturelles. La France a peu à désirer sous ce rapport ; de quelque temps la tranquillité ne saurait être troublée par d'autres guerres nationales.

La situation extérieure est même favorable à la supériorité de la France. Les diverses nations devant subir les révolutions qui consacrent le changement de gouvernement et les principes nouveaux, la France sera forte de sa paix intérieure et de sa libre existence ; elles n'auront pas cependant besoin d'une suite de révolutions pour arriver à la liberté, de détruire les préjugés, de construire une société nouvelle, d'envahir l'Europe pour leur propre conservation, ou comme une diversion, un contre-poids nécessaire à leur effervescence sociale. Leur position, leur caractère est différent. La liberté suivra de près chez eux l'établissement des principes. Mais ce mouvement cause toujours du trouble au sein des sociétés, chez quelques unes la question de nationalité s'unit à celle de liberté! Ce sont celles qui ont reçu du moyen-âge une moindre pression et une moindre culture ; elles n'ont point passé par les principales phases de la formation d'une nation, elles sont arrivées plus simplement à la liberté. Tel est l'irrésistible mouvement qui se prépare en Europe; ainsi se dissipera pour nous l'influence des forces extérieures. La France n'a rien à craindre, elle n'a pas de responsabilité; ce n'est plus son caractère qui agit sur les autres nations, c'est la force des principes, l'évidence de la raison.

DES CRAINTES DE L'INTÉRIEUR.

A l'intérieur, il n'y a rien non plus à craindre ; il n'existe plus de causes de division ou d'anarchie : nos divisions politiques n'étaient que la lutte du passé contre la marche continuelle des choses. Il fallait un motif d'intérêt pour soutenir et ramener ce passé, car le préjugé ne survit guère devant la raison ; cet intérêt était celui de la puissance politique et religieuse. Ainsi donc cette opinion était seulement l'action d'un pouvoir détruit, elle cesse avec lui ; elle n'attend pour disparaître tout-à-fait qu'à voir s'effacer dans le gouvernement toutes les traces de l'ancien pouvoir. C'est une erreur de lui supposer un autre principe d'existence. L'absolutisme ne compte guère plus que des factieux, des agens de trouble sans influence ; ses partisans, semblables aux sauvages d'Amérique qui fuyaient devant la civilisation, sentent faiblir leur conviction depuis qu'elle n'est plus soutenue par l'ordre établi. Pendant quinze ans la liberté a été vaincue, elle a pénétré dans tous les esprits; à peine triomphe-t-elle, l'opinion opposée, fusion mystique de science féodale et d'exaltation religieuse, fantôme évoqué par le pouvoir, s'est évanouie; le progrès des mœurs, c'est-à-dire de l'empreinte profonde du nouvel ordre social dans les esprits, les usages et la vie entière, ôtera bientôt toute espérance aux ambitions qui s'appuient sur elle. Pour perdre leur dernier espoir, ils n'ont besoin que de voir la nouvelle société constituée. S'ils causaient quelques troubles ou exécutaient quelques complots, ce serait encore la faute du gouvnerement. Déjà un mouvement vital de progrès et de raison les a dispersés.

Du reste, le gouvernement n'est plus juge de ce qu'il faut faire, mais doit exécuter ce qu'on lui demande; la nation a renversé un gouvernement qui voulait la conduire à son propre avantage, elle en a créé un qui doit lui appartenir; tout ce qu'il craint tient à son manque de connaissance de l'état présent de la société et de lui-même.

On redoute encore l'anarchie ou la violence. Dans notre première révolution, il y avait plus de violence que d'anarchie; elle consistait alors dans le mode indéterminé du gouvernement et de l'assiette sociale. Aujourd'hui le peuple n'a plus d'état politique à détruire, d'invasions à faire dans la société; ses rangs sont dégarnis, il n'y a plus au-dessus de vide qu'il puisse légitimement remplir. Il a perdu son principe d'utile destruction qui lui donnait sa force; ses tentatives ne seront plus redoutables. Ceux qui veulent donner un caractère de terreur à la suite de notre révolution ne la comprennent pas entièrement, n'en admettent pas, j'en suis sûr, toutes les conséquences; ils en rendent alors le but plus obscur et peuvent à leur gré exploiter la crainte. Leur direction n'est utile que par leur opposition à l'état actuel. Pour détruire ce qu'il y a de menaçant dans leurs paroles, l'appel au peuple comme à un levier politique permanent, à la force des dernières classes qui seules jusqu'à présent ont à l'intérieur montré l'énergie d'action, il n'y aurait qu'à développer franchement les conséquences de la révolution. Les classes moyennes, qui sont le mieux l'expression de la société, pouvant seules comprendre un principe social dans son application, ayant l'intérêt et l'intelligence de la société qu'elles représentent, agiront seules avec le discernement nécessaire pour instituer à la place de ce qu'elles auront détruit.

En dernier résultat, il ne faut ni s'appuyer sur le prolétaire ni le craindre; si les circonstances, l'emploi de sa force particulière lui donnaient des prétentions sans fondement, son influence cesserait, dans une société libre, devant l'intelligence des choses, en mettant la défense et l'action sociale là où elle existe naturellement.

Craindre la plèbe ameutée lorsqu'elle est réduite

à elle-même est une idée nouvelle, elle date partout du renversement de notre ancien ordre social; elle n'existe pas dans un état naturellement constitué. A cette époque, elle seule semblait avoir la vie et la force nécessaires. Dans une société inculte, dans un état d'oppression politique, il n'existe de la gradation sociale que les deux extrêmes, les grands et la foule, ceux qui ont la puissance et le reste qui est soumis. Lorsque les sociétés sont assez avancées pour vouloir tendre à une existence politique, dans le développement, les sommités sont détruites pour se renouveler plus tard. Les autres classes sortent du foyer de vie et de puissance sociale, le nombre et la force réelle; elles sont pour ainsi dire hors de ligne, ou ne se rapprochent que peu à peu, jusqu'à ce que le développement soit complet: alors, sortant de l'état de la sujétion civilisatrice comme de ses langes, la société se prononce et s'établit dans ses proportions naturelles et sa gradation. Dans notre première révolution, les classes moyennes semblaient respecter la source d'où elles étaient sorties; elles étaïent intimidées par leur situation isolée entre le despotisme et les restes de son principe destructif; elles ne connaissaient pas encore leur valeur sociale et la véritable théorie politique; elles n'osaient aller contre un mouvement qui détruisait les derniers signes des élémens dominateurs et oppressifs de la société. Mais aujourd'hui le rôle du peuple, comme agent de destruction, est fini; il est devenu la nation. Les dernières classes ne contiennent plus l'impulsion sociale, les élémens politiques de progrès; les classes moyennes prennent leur empire et le rôle politique qu'elles ont à remplir, comme le meilleur terme et le principal dépôt de la force nationale. C'est ainsi qu'on a créé cette fiction de la démagogie, cette terreur d'une puissance qui n'était qu'accidentelle et qui disparaît devant le véritable développement social. Ainsi, toutes les craintes, toutes les considérations qui se retranchent derrière les habitudes du passé ou l'immobilité sont vaines, et partent du manque de développement et d'exercice de la raison, jusqu'à ce terrible argument de l'expérience.

DES CAUSES QUI ONT ARRÊTÉ LA RÉVOLUTION.

Quelle peut être la cause de notre incertitude politique? A l'intérieur, dans nos rapports extérieurs, rien ne saurait l'expliquer; le mal est donc dans le gouvernement. Ce qui est établi a souvent la force d'un principe, sa puissante impulsion; rien de ce qui a une existence, un intérêt à part, s'il est nuisible, ne saurait se corriger de lui-même. Nous sommes loin de l'état social souhaité, de la liberté, des conséquences de la révolution. La situation actuelle peut se résumer en ces mots, en tenant compte de quelques difficultés, de quelques lenteurs, l'intérêt mal entendu du gouvernement. Un gouvernement qu'on veut maintenir dans le même état qu'auparavant, c'est-à-dire avec la même existence, les mêmes rapports avec la société, ne peut opérer le développement social demandé ; il est la cause de notre état stationnaire, contre la force des choses. Puisqu'il est prouvé que le devoir d'un gouvernement est d'être à la tête de la civilisation ou des besoins de l'époque, pourquoi n'est-il pas ainsi ? Que d'un autre côté rien ne l'arrête ; qu'au contraire l'aspect, la connaissance de l'état actuel le sollicite de marcher. C'est pour conserver de vaines prérogatives, cette influence d'un gouvernement qui dirige la société, lutte quelquefois contre elle au lieu d'être dirigé par elle ; garder ce qu'a d'imposant l'idée qui donne au gouvernement une existence à part. La position est changée, il existe tel qu'auparavant. C'est donc par la manière d'entendre le gouvernement qu'il faut commencer les réformes ; c'est sur lui qu'il faut d'abord agir.

Il faut pour cela que la société revienne de certaines théories, de vagues désirs d'amélioration inexécutables sans leur principe, la véritable liberté sociale, sa constitution naturelle. Si ces idées, ces théories nées de l'inexpérience ne sont évoquées que par quelques hommes, il y a généralement dans les esprits un penchant pour elles. Il faut que la société considère bien sa situation et s'occupe d'elle-même. L'esprit n'ayant plus d'obstacle, on raisonnera juste et d'une manière générale, on n'écoutera plus que la raison. Alors, s'il est nécessaire, le gouvernement sera modifié dans ses bases. Il sera rendu plus convenable non pas dans ses intentions et son patriotisme, notre révolution nous a donné ces avantages, mais dans sa manière de s'entendre, dans ses rapports avec la société; car le devoir du gouvernement d'une nation libre est de la consulter entièrement, de l'éclairer, d'exécuter ses volontés. Un gouvernement est fait pour la nation qu'il gouverne; c'est une chose également vraie-d'après la raison et l'expérience. Dans les temps d'ignorance des peuples, le gouvernemens travaillent à leur civilisation; parce que dans une institution il y a toujours une pensée sociale, et que le progrès n'est pas seulement un bien, mais une nécessité : d'ailleurs dans l'origine un gouvernement n'a pu être créé ou s'établir sur les peuples, sans un but d'utilité auquel il est soumis. Le mal n'entre dans les volontés des hommes, dans les causes générales que comme imperfection. Mais l'équilibre, l'état social n'étant pas naturel, puisqu'il contient des intérêts particuliers, étrangers à la société, celui des gouvernemens, des influences sur lesquelles ils s'appuient, il en résulte pour le progrès des luttes fréquentes. Ces temps offrent une suite continuelle de révolutions dont les élémens sont simples et progressifs : l'aspect de ces époques, qui se compose de conjurations, de ligues, de divisions, de guerres intestines et extérieures, l'indique assez. Lorsqu'un peuple est éclairé, le rôle du gouvernement, sa nature même est changée ; il doit tout-à-fait obéir à la nation et la suivre. Il n'est que la personnification de tous les rapports sociaux. Cette idée est aujourd'hui bien nouvelle, on l'appelle du nom d'anarchie. L'issue de l'état actuel consiste donc dans le progrès de l'esprit, dans l'intelligence de vérités qui sont le fondement de la société. Le développement de la vérité contient le principe, étudier les choses comme elles sont, et ne pas voir de danger dans leur cours naturel. En politique le danger n'est que l'erreur : l'erreur dans la marche spontanée des idées ne peut provenir que des préjugés qui interviennent, qui l'arrêtent. En ce moment le passé, l'obstacle des préjugés qu'il contient, est également la cause du danger et de l'erreur. Faisons des efforts pour ne plus agir d'après le passé, puisque nous ne saurions nous y arrêter. Le gouvernement devrait sans répugnance écouter la nation, car telle est l'expression de son devoir, et dans la nation la partie la plus éclairée, comme cela doit avoir naturellement lieu ; car il ne s'agit plus pour lui de l'opposition des préjugés, mais de la sagesse, du savoir social. Son défaut est d'avoir au milieu de l'hésitation, entre la défaite des préjugés et la victoire de la raison, continué le passé, pris un autre rôle, s'être attribué une autre manière d'être que celle qui lui convenait.

Quelle sera l'issue.

Comment sera résolue notre situation? Le gouvernement actuel est-il capable d'effectuer les changemens, de donner les institutions nécessaires; de satisfaire aux besoins de la révolution qui l'a créé, ou plutôt qui a redonné la vie à celui qui existait avant? Il ne le saurait; il est vicieux de sa nature. La plupart des améliorations à faire ne sauraient avoir lieu sans changer le gouvernement; il ne peut qu'imparfaitement agir sur lui-même. Les besoins de la nation, celui de la liberté sous toutes les formes, ne sauraient être compris par lui. Comme il est, son existence est un obstacle à ce nouvel ordre d'idées; il devra donc être changé; mais comment aura lieu sa modification?

Un ministère national ne pourra s'identifier avec le mode de gouvernement établi, il en sera seulement retenu et empêché; il tendra donc au changement, et n'offrira pas de résistance. Le changement aura lieu par la force des choses et par la déclaration des principes.

La société est sans direction, sans cette autorité légitime qui la représente. Déjà le pouvoir échappe au gouvernement placé dans son ancienne position; il ne gouverne plus, il n'a d'autre mission que celle que la société accorde à tout gouvernement, le soin de l'ordre public. Il ne représente plus la société, et ne peut plus agir sur elle; ses moyens ordinaires, la force militaire, sont impuissans et émoussés : empruntera-t-il celle de la nation ? Elle ne la lui confiera que sciemment, elle comprendra qu'elle est elle-même son principe; elle appréciera mieux ce que c'est qu'un gouvernement; que son existence en dehors de la nation n'est qu'une forme vieillie.

Le changement devra donc être déterminé par la nation; elle devra intervenir encore; une société est en révolution toutes les fois qu'elle n'a pas une direction déterminée et naturelle, car alors elle lutte toujours contre ce qui est établi, contre les vicieuses conséquences de son état précédent. Jusqu'à présent nos révolutions politiques n'ont eu lieu qu'au milieu de convulsions sociales. Des changemens politiques peuvent avoir lieu par le seul fait d'une volonté nettement prononcée, quand un peuple est en position de le faire ; c'est-à-dire lorsque le but est simple et bien marqué, lorsque les droits sont manifestes, lorsqu'il n'y a pas lieu à l'emploi de la force arbitraire.

La société est assez avancée en science et en principes politiques, elle est assez bien assise sur sa base naturelle pour qu'elle puisse agir d'elle-même sans danger : on s'émeut, on attaque les actes du gouvernement. D'un autre côté, une certaine anarchie, une inertie de la vie sociale, annoncent notre fausse situation, l'abus de la direction du gouvernement; les esprits s'éclairent : déjà la nation intervient de sa volonté, qu'on ne saurait éluder.

La question sera réduite à l'intervention toujours plus éclairée, et de là toujours plus forte, de la nation, jusqu'au nivellement du pouvoir que possède de trop le gouvernement, jusqu'à ce qu'il soit ramené à ce qu'il doit être actuellement; il ne saurait opposer de résistance. De ce que la nation le jugera, il sera obligé de céder. De cet état naîtra sans doute l'appréciation de ce qu'il doit être. Mais comment sera satisfait le besoin de ce qui manque à nos institutions sociales? car les institutions nécessaires semblent devoir précéder un état de société, semblent devoir le diriger, être produites par son gouvernement : elles naîtront d'elles-mêmes, de la liberté, de son progrès dans les esprits et les habitudes.

La difficulté politique est en cela, que le gouvernement devienne un instrument utile; qu'il ne puisse exciter dans la société des divisions, des intérêts factices; quand les élémens de la société seront-ils bien unis, et comprendra-t-elle bien l'existence et l'action d'un peuple libre? Familiarisons-nous avec la politique, avec la constitution et les véritables idées sociales, la souveraineté réelle de la nation, sa direction par elle-même selon son esprit, ses besoins et sa volonté : la manière d'être sociale d'un peuple libre consiste dans une union et une sympathie générale, dans une égalité parfaite de droits à exercer. Alors nous verrons mieux ce qu'un gouvernement doit être par rapport à nous, et le caractère que doivent avoir les institutions.

Cependant la révolution subsiste toujours avec son inquiétude et sa marche active, par la résistance aux besoins qu'elle a créés; ainsi que le principe d'intervention de la force si le progrès rencontrait des obstacles matériels. Le dénoûment de l'état actuel, son issue, consiste à considérer la part que doivent y prendre le gouvernement et la nation. La nécessité du progrès politique est reconnue; la nation et le gouvernement voudront avancer jusqu'à ce que le dernier ne le puisse plus, et que la nation comprenne qu'elle doit intervenir dans le changement par une manifestation claire et unanime.

DU PROGRÈS DES MOEURS.

Au milieu de l'incertitude, de la vacillation politique, l'esprit marche. Le mouvement qui s'offre dans les mœurs, les habitudes de la pensée, est rassurant; il simplifie la situation : il doit faire cesser le vague de l'inquiétude en appelant hautement tout ce qui est dans l'état actuel, l'intervention de la nation, le désir de modifications politiques, d'un autre état social. Dès qu'il sera devenu plus mûr et plus général, il déterminera une réaction politique, une nouvelle réorganisation du gouvernement. Il rend aussi ce changement plus simple, moins menaçant, en l'éclairant, en montrant ses causes, en écartant l'idée de l'emploi d'une force aveugle, de tout moyen détourné, de tout élément étranger. Par leur développement, l'horizon de l'avenir s'éclaircit, les prévisions qui écartaient le danger deviennent plus manifestes. La nation saura l'emporter; elle a encore à acheter une victoire, celle de sa réorganisation politique. Ce retour sur sa constitution ne sera pas moins une réaction : pour qu'on puisse dire qu'on est libre il faut qu'il y ait harmonie entre l'état social et les mœurs, qu'il ne reste plus de traces de la résistance du passé, des principes qui le gouvernaient. Quelle situation! quelles circonstances! être libres, et dépendre d'un passé qui n'est plus! c'est que, dans l'état régulier, le gouvernement, qui est lui-même l'expression si fidèle de la société libre, doit être à la tête de la civilisation : dans le cours naturel, l'organisation de la société doit précéder les nouvelles idées sociales; s'il en est autrement, c'est que le gouvernement aurait dû être changé. Le gouvernement, comme représentation de la société, comme son action habile et sa puissance dans le cercle de ses attributions, a une existence inviolable, indestructible; il ne peut qu'être modifié. Il suit de là qu'il a, comme nécessité, une position donnée, de servir la société, d'être à la tête de son perfectionnement. Mais cette contradiction aujourd'hui a pour principe le passé, qu'il faut détruire. Les changemens qui s'opèrent dans les mœurs sont l'intelligence plus profonde du présent et de l'avenir, le sentiment, l'habitude de notre nouvelle existence. La liberté, lorsque l'obstacle des idées acquises aura été détruit, passant dans les mœurs, régénérant toutes les idées, formera, pour ainsi dire, une nouvelle époque, une nouvelle existence sociale; c'est l'époque à laquelle les nations sont arrivées à la maturité; alors les vieilles formes sociales seront naturellement détruites, comme les vieilles idées. En résumé, sans les mœurs et la pensée de la liberté, on n'a pas de constitution libre, puisque la nation doit se faire elle-même son gouvernement.

RÉSUMÉ.

La crise actuelle est donc une crise de raison: elle n'amenera aucune lutte entre des élémens opposés, elle ne déterminera aucune intervention de la force; elle est le dernier effort de l'intelligence qui doit modifier la forme politique de la société, et son gouvernement qui en est la personnification; c'est la dernière lutte du passé. On peut en juger par la marche des idées : jamais une telle fermentation, une telle fatigue de l'esprit; c'est qu'il a à entrer dans une route nouvelle, à s'écarter des manières de voir établies, à n'écouter que la pure raison. Le passé arrête l'esprit, il a besoin d'énergie pour s'essayer à de nouvelles conceptions. Diriger ses efforts vers le triomphe d'une idée, est bien moins difficile que de rectifier ses jugemens, de s'habituer en tout à la vérité, de déblayer son esprit, afin qu'il n'écoute plus désormais que la conscience et la nature des choses : c'est un travail soutenu et prolongé.

Notre état actuel tient surtout au rapport momentané des mœurs avec les institutions ; les institutions doivent diriger la société, elles en représentent l'action et les besoins ; et c'est aux progrès des idées à créer les institutions.

Le vice est dans le gouvernement, dans sa volonté, sa manière de se concevoir qui naît de sa situation particulière. Son action ne peut devenir autre que par de grands changemens. Aujourd'hui nous reconnaissons que rien n'a été changé depuis la révolution ; que la conservation d'institutions, non seulement en contraste, mais presque en hostilité avec les dispositions actuelles des esprits, est peut-être due à un principe violé ; à ce qu'on a conservé le mobile de l'état passé, un gouvernement privilégié naturellement ennemi de la république. La souveraineté du peuple reconnue comme elle l'est, c'est la république ; elle n'a plus besoin que d'être organisée.

Ainsi de notre révolution sont nées quelques modifications à l'ordre social, une inquiétude qui n'est que la fermentation de l'esprit à la suite d'une révolution, et qui en indique le progrès. Arrivés enfin à la liberté, il n'y a pas divers moyens de la posséder et de l'entendre. Tous les scrupules nés du passé doivent se taire ; il faut se soumettre, même comme nécessité, au perfectionnement social ; la force des choses nous pousse, les sociétés modernes nous regardent comme leur guide en civilisation. Marchons, nous en aurons bientôt fini avec les liens du passé.